KB117779

세상에서
가장
이상한
비밀

Originally published in the USA by

sound
wisdom.
Because Your Success Matters

세상에서 가장 이상한 비밀

지은이 얼 나이팅게일
옮긴이 이초희
펴낸이 임상진
펴낸곳 (주)넥서스

초판 1쇄 인쇄 2024년 8월 25일
초판 1쇄 발행 2024년 9월 1일

출판신고 1992년 4월 3일 제311-2002-2호
주소 10880 경기도 파주시 지목로 5 (신촌동)
전화 (02)330-5500 팩스 (02)330-5555

ISBN 979-11-6683-912-2 03190

www.nexusbook.com

THE STRANGEST SECRET

세상에서
가장
이상한
비밀

얼 나이팅게일 지음

이초희 옮김

넥서스BIZ

성공과 실패를
결정하는 열쇠는
여러분의 손에 있습니다.
세상에서 가장
이상한 비밀로
무엇을 하시겠습니까?

_ 얼 나이팅게일

얼 나이팅게일(1921~1989)은 다양한 재능과 관심사를 가진 사람이었습니다. 미국 전역에 방송되는 라디오 프로그램 진행자이자 기업가, 철학자, 해병대원이었죠. 하지만 그 모든 일을 한데 묶는 특징은 탁월함과 의미 있는 삶을 향한 열정이었습니다.

그는 이 열정에 이끌려 성공의 비밀 공식을 찾아다녔습니다. 역사상 가장 위대한 부와 지위를 얻었던 소수의 선택받은 사람들이 어떤 생각을 했고 어떤 습관을 가졌는지 평생토록 연구했습니다. 높은 수준의 개인적, 직업적, 경제적 성공을 이룬 사람과 그렇지 않은 사람 사이의 차이를 이해하기 위해서였습니다.

나이팅게일은 나폴레온 힐(Napoleon Hill)의 시대를 초월한 명저 《생각하라 그리고 부자가 되어라》에서 "사람은 생각하는 대로 된다."라는 문장을 읽으며 깨달음을 얻었습니다.

생각에는 매우 실질적인 효과가 있다는 사실, 즉 구체적인 목표를 마음속에 품고 있으면 그것을 이룰 수 있다는 사실을 발견하였고, 이 발견이 성공의 원동력이 되어 그는 서른다섯 나이에 경제적 자유를 달성할 수 있었습니다.

그즈음 나이팅게일은 보험 회사를 인수했습니다. 여기에서 그가 연구해 온 성공 법칙을 활용하여 매주 영업팀을 대상으로 동기 부여 강의를 진행했습니다. 그러다 어느 날 출장으로 강연을 할 수 없게 되자, 부재중에 들려줄 수 있도록 강연을 미리 녹음해 두었죠. 1956년 녹음한 이 강연은 깊은 영감을 주는 역대 최고의 연설로, 이후 백만 장 이상 팔려서 강연 녹음 최초로 골드 레코드 상을 받았습니다.

이 녹음에 대한 수요가 워낙 커서, 나이팅게일은 성공한 사업가였던 로이드 코넌트(Lloyd Conant)와 손잡고 전자 출판 기업인 나이팅게일-코넌트사(社)를 세웠습니다. 이 회사는 이후 자기 계발 업계에서 수백만 달러 규모의 거대 기업이 되었습니다.

〈세상에서 가장 이상한 비밀〉이라는 제목이 붙은 이 강연에서 나이팅게일은 인간의 동기에 관한 방대한 연구를 누구나 상황에 상관없이 적용할 수 있는 간단한 성공 공식으로 압축했습니다. 나이팅게일에 따르면, 대다수의 사람들은 '세상에서 가장 이상한 비밀'의 중요성을 무시하고 있습니다. 그래서 방향을 잃고 불만족스러우며 삶의 의미를 느끼지 못하는 무기력 상태에 빠져 있습니다. 이 강연은 자신의 분야에서 성공하는 상위 5퍼센트가 될 수 있도록 마음가짐을 변화시키는 방법을 가르쳐 줄 것입니다.

강연 마지막에 나이팅게일은 '세상에서 가장 이상한 비밀'을 실천하기 위한 30일 도전에 대해 자세하게 소개합니다. 부정적인 생각을 반복하는 악순환을 극복하고, 목표 달성에

초점을 맞춘 새롭고 건강한 습관을 형성하도록 도와주는 테스트입니다. 자기 의심, 걱정, 두려움 같은 부정적인 감정이 삶을 방해한다는 것은 의심할 여지가 없습니다. 심은 대로 거둔다는 법칙대로, 마음의 토양에 이런 해로운 감정을 심는 사람은 불안, 두려움, 실패라는 열매를 거두게 됩니다. 우리 마음, 더 나아가 이 우주 전체는 긍정적인 씨앗과 부정적인 씨앗을 구분하지 않습니다. 독을 심든 가능성을 심든 똑같이 심은 대로 거둡니다. 스스로를 제한하는 신념과 부정적인 생각을 버리고 목표를 향해 침착하고 긍정적이고 흔들림 없이 집중한다면, 정서적 · 영적 · 경제적 빈곤 대신에 풍족함과 부유함이 넘쳐흐르는 인생이 찾아올 것입니다.

성공과 실패를 결정하는 열쇠는 여러분의 손에 있습니다. '세상에서 가장 이상한 비밀'로 무엇을 하시겠습니까?

| 목차 |

세상에서
가장
이상한
비밀

저는 세상에서 가장 이상한 비밀을 이야기하려고 합니다. 몇 년 전, 노벨 평화상 수상자인 고(故) 알베르트 슈바이처(Albert Schweitzer) 박사가 런던에서 인터뷰를 하던 중에 기자에게 이런 질문을 받았습니다. "선생님, 요즘 사람들은 무엇이 문제라고 생각하십니까?"

슈바이처 박사는 잠시 침묵하더니 이윽고 답했습니다. "생각하지 않는 것입니다."

제가 하고 싶은 이야기가 바로 이것입니다. 우리는 지금 황금시대를 살고 있습니다. 인류가 수천 년 동안 고대하고, 꿈꾸고, 이루고자 노력해 온 시대가 왔습니다. 그런데 우리는 이 시대를 당연하게 여기고 있습니다. 특히 미국인들은 지구상에 유례가 없을 만큼 가장 부유한 나라, 즉 모두에게 풍부한 기회가 주어진 나라에서 사는 행운을 누리고 있습니다. 하지만 무슨 일이 일어나는지 아시나요?

이제 막 사회에 첫발을 내딛는 25세의 젊은이가 100명 있다고 가정해 봅시다. 이들이 65세에 이르렀을 때 어떤 일이 벌어질까요? 스물다섯 나이에 똑같이 사회생활을 시작한

청년들은 모두 자신이 성공할 거라고 믿을 것입니다. 그중 아무에게나 성공하고 싶냐고 물으면 그렇다고 답할 것입니다. 삶에 대한 열망으로 가득 차서, 눈은 반짝반짝 빛나고 자세는 꼿꼿할 겁니다. 그들에게는 인생이 흥미로운 모험처럼 여겨지겠지요.

하지만 세월이 흘러 이들이 예순다섯이 되었을 때, 그중에서 1명은 부자가 되고 4명은 경제적 자유를 이루었지만, 5명은 여전히 일하고 있고 54명은 파산 상태에 놓여 있을 겁니다. 백 명 가운데 겨우 다섯 명만 성공한다는 사실에 대해 곰곰히 생각해 보십시오.

왜 그렇게 많은 사람들이 실패할까요? 눈을 반짝반짝 빛내던 스물다섯 젊은이들에게 대체 무슨 일이 생긴 걸까요? 그들의 꿈과 희망과 계획은 어디로 간 걸까요? 그들이 하고자 했던 것과 실제로 이룩한 것 사이에 이렇게 큰 차이가 나는 이유는 뭘까요?

겨우 5퍼센트만 성공한다고 말하기에 앞서, 성공이 무엇인지부터 정의할 필요가 있습니다. 제가 찾아낸 최고의 정의

성공은
가치 있는
이상을
꾸준히
실현하는
것이다.

_ 얼 나이팅게일

학생들을 가르치고 싶어서 교사가 된 사람은 성공한 사람입니다. 현모양처가 되고 싶어서 결혼하여 아이를 낳고 가정을 잘 돌보고 있는 사람은 성공한 사람입니다. 주유소를 운영하는 것이 꿈이어서 길모퉁이에 주유소를 차린 사람은 성공한 사람입니다. 최고의 영업 사원이 되어 회사과 함께 성장하고 싶어서 뛰어난 영업 사원이 된 사람은 성공한 사람입니다. 자신이 신중하게 결정한 일을 차근차근 실천하는 사람은 모두 성공한 사람입니다.

_ 얼 나이팅게일

는 이것입니다. "성공은 가치 있는 이상을 꾸준히 실현하는 것이다." 미리 정한 목표를 향해 노력하고 있고 자신이 어디로 나아가는지 알고 있다면, 그 사람은 성공한 사람입니다. 그렇지 않다면, 그 사람은 실패한 사람입니다.

"성공은 가치 있는 이상을 꾸준히 실현하는 것입니다." 저명한 정신과 의사인 롤로 메이(Rollo May)는 《자아를 잃어버린 현대인(Man's Search for Himself)》이라는 명저에서 "우리 사회에서 용기의 반대말은 비겁함이 아니라 남이 하는 대로 따라 하는 것이다."라고 적었습니다.

아무 생각 없이 그저 남이 하는 대로 따라 하는 것, 바로 이것이 오늘날 우리가 지닌 문제입니다. 사람들은 이유도 모르고 어디로 가는지도 모르는 채 다른 사람들을 따라서 행동합니다.

한번 생각해 봅시다. 미국은 현재 65세 이상 인구가 1,800만 명이 넘는데, 이들 대부분이 빈털터리입니다. 의식주를 남에게 의존하고 있지요.

우리는 일곱 살쯤 되면 읽는 법을 배웁니다. 스물다섯 살이 되면 생계를 꾸리는 법을 배웁니다. 보통 그때쯤이면 자신의 생계를 꾸릴 뿐만 아니라 가족까지 부양하지요. 그런데도 우리는 예순다섯이 될 때까지 역사상 가장 부유한 나라에서 경제적 자유를 이루는 법을 배우지 못합니다. 왜일까요?

남이 하는 대로 따라 하기 때문입니다.

그리고 잘못된 집단, 즉 성공하지 못하는 95퍼센트의 사람들을 따라 하는 것이 문제입니다.

이 사람들은 왜 남이 하는 대로 따라 할까요? 그들 자신도 이유를 모릅니다. 그들은 주변 상황, 그들에게 일어나는 사건, 외부의 힘에 의해서 삶이 정해진다고 믿습니다. 그들은 외부 지향적입니다.

한 설문 조사에서 다수의 직장인들을 대상으로 "왜 일을 합니까? 왜 아침에 일어납니까?"라는 질문을 던졌습니다. 응답자의 95퍼센트는 이유를 몰랐습니다. 그중 누군가에게 물어보면 "다들 아침에 출근하잖아요."라고 대답할 겁니다. 남들이 모두 그렇게 하니까 나도 한다는 거죠.

우리 사회에서
용기의 반대말은
비겁함이 아니라
남이 하는 대로
따라 하는 것이다.

_ 롤로 메이

우리는 사람들이 바라는 이른바 '안정'이라는 단계에 올랐습니다. 하지만 이 단계에서 얼마나 더 높이 올라갈지는 우리가 결정해야 합니다.

_ 얼 나이팅게일

이제 성공의 정의로 돌아가 보겠습니다. 누가 성공할까요? 가치 있는 이상을 꾸준히 실현하는 사람만이 성공합니다. 이들은 "나는 이러이러한 사람이 될 거야."라고 선언하고 그 목표를 향해 노력합니다.

성공한 사람은 이런 사람들입니다. 학생들을 가르치고 싶어서 교사가 된 사람은 성공한 사람입니다. 현모양처가 되고 싶어서 결혼하여 아이를 낳고 가정을 잘 돌보고 있는 사람은 성공한 사람입니다. 주유소를 운영하는 것이 꿈이어서 길모퉁이에 주유소를 차린 사람은 성공한 사람입니다. 최고의 영업 사원이 되어 회사과 함께 성장하고 싶어서 뛰어난 영업 사원이 된 사람은 성공한 사람입니다. 자신이 신중하게 결정한 일을 차근차근 실천하는 사람은 모두 성공한 사람입니다. 하지만 그렇게 하는 사람은 5퍼센트에 불과합니다.

그렇기 때문에 요즘은 스스로 경쟁 상황을 만들지 않는 한, 진정한 의미에서의 경쟁이 일어나지 않습니다. 우리는 남과 경쟁하는 대신 자신의 길을 창조해야 합니다. 저는 지난 20년 동안 인간의 운명을 결정하는 열쇠를 찾아다녔습니다. 미래를 상당 부분 예측할 수 있게 약속해 주는 열쇠가 있을까요? 찾기만 하면, 그리고 그것을 사용하는 방법만 알면 성공을 보장하는 열쇠가 있을까요?

그런 열쇠는 분명히 있습니다. 그리고 저는 그 열쇠를 찾았습니다. 왜 어떤 사람들은 아주 열심히 정직하게 일하고도 아무것도 이루지 못하는 반면에, 어떤 사람들은 별로 열심히 일하는 것 같지 않은데도 모든 것을 가지게 되는지 의문을 가져 본 적 있습니까? 그들은 마치 마법의 손길을 타고난 것 같습니다. 사람들은 "그 사람이 손만 대면 황금으로 변해."라고 말하기도 합니다.

성공한 사람은 계속해서 성공한다는 사실을 눈치채셨나요? 반대로, 실패한 사람은 계속해서 실패한다는 것도요?

그 차이를 만드는 것은 바로 목표입니다. 어떤 사람은 목표가 있고 어떤 사람은 목표가 없습니다. 목표가 있는 사람은 자신이 어디를 향해 가고 있는지 알기 때문에 성공하죠. 아주 간단한 이치입니다.

항구를 떠나는 배가 한 척 있다고 생각해 봅시다. 이 배는 항해 계획을 완벽하게 세워 두었습니다. 선장과 선원들은 어디

우리는
남과 경쟁하는 대신
자신의 길을
창조해야 합니다.

_ 얼 나이팅게일

제 이야기를 온전히 이해한다면 그 순간부터 여러분의 삶은 과거와 완전히 달라질 것입니다. 갑자기 행운이 찾아오는 듯한 기분을 느낄 것입니다. 바라던 일들이 저절로 이루어지는 것 같고, 그동안 겪어 온 문제, 걱정, 마음을 갉아먹는 불안 덩어리가 그 순간부터 사라질 것입니다. 의심과 두려움은 과거의 일이 될 것입니다.

_ 얼 나이팅게일

로 갈지, 얼마나 걸릴지 정확히 알고 있죠. 즉, 확실한 목표가 있는 것입니다. 이 배는 1만 번 중에 9,999번은 가고자 했던 곳에 도착할 겁니다.

이 배와 똑같은 배를 하나 더 생각해 봅시다. 다만 이 배는 선원도 없고 키를 잡을 선장도 없습니다. 목표 지점도, 목적도, 행선지도 없습니다. 그저 엔진을 켜고 출발합니다. 이 배가 어찌어찌 항구를 벗어나더라도 결국에는 침몰하거나 외딴 해변으로 떠내려갈 거라는 데 모두 동의할 것입니다. 이 배는 목적지도 없고 인도할 사람도 없으니 아무 데도 갈 수 없습니다. 사람도 마찬가지입니다.

영업 사원을 예로 들어 보겠습니다. 요즘은 장차 뛰어난 영업 사원이 되겠다 싶은 인재가 없습니다. 실력이 좋고 목표를 분명히 알기만 한다면, 영업은 세상에서 가장 돈을 잘 벌 수 있는 직업입니다. 어떤 회사든 최고의 영업 사원을 필요로 하고, 따라서 이런 사원에게 큰 보상을 해 줍니다. 뛰어난 영업 사원에게는 한계가 없습니다. 하지만 이런 인재가 몇이나 됩니까?

누군가 이런 말을 한 적이 있습니다. 인류는 강자의 승리가 아니라 약자의 패배를 방지하는 방향으로 고착화되었다고요. 오늘날 미국의 경제는 전시 호송선단에 비유할 수 있습니다. 호송선단이 대열을 유지하기 위해서는 가장 느린 선박의 속도에 맞춰 이동해야 합니다. 마찬가지로 우리 사회도 가장 취약한 부분을 보호하기 위해서 경제 전체가 둔화되는 것을 감수하고 있습니다.

그래서 오늘날에는 생계를 유지하기가 쉽습니다. 특별히 머리가 좋거나 재주가 뛰어나지 않아도 생계를 유지하고 가족을 부양할 수 있습니다. 우리는 사람들이 바라는 이른바 '안정'이라는 단계에 올랐습니다. 하지만 이 단계에서 얼마나 더 높이 올라갈지는 우리가 결정해야 합니다.

이제 오늘 제가 하고 싶은 이야기인 세상에서 가장 이상한 비밀 이야기로 돌아가 봅시다. 왜 목표가 있는 사람은 성공하고 그렇지 않은 사람은 실패할까요?

지금부터 어떤 이야기를 해 드리겠습니다. 제대로 이해하기만 한다면 여러분의 삶을 즉시 바꿔 줄 이야기입니다. 제 이야기를 온전히 이해한다면 그 순간부터 여러분의 삶은 과

한 사람의 삶은 그 사람이 생각하는 대로 이루어진다.

_ 마르쿠스 아우렐리우스

결과에 충분한 주의를 기울이기만 하면 틀림없이 그것을 이룰 것이다. 부자가 되기를 바란다면 부자가 될 것이다. 배우기를 바란다면 배울 것이다. 좋은 사람이 되기를 바란다면 좋은 사람이 될 것이다. 다만 이런 목표를 진정으로 바라야 하고, 그것만을 바라야 한다. 상충되는 수많은 목표를 똑같은 강도로 동시에 바라서는 안 된다.

_ 윌리엄 제임스

거와 완전히 달라질 것입니다. 갑자기 행운이 찾아오는 듯한 기분을 느낄 것입니다. 바라던 일들이 저절로 이루어지는 것 같고, 그동안 겪어 온 문제, 걱정, 마음을 갉아먹는 불안 덩어리가 그 순간부터 사라질 것입니다. 의심과 두려움은 과거의 일이 될 것입니다.

여기 성공과 실패를 결정하는 열쇠가 있습니다.

사람은 생각하는 대로 된다.

다시 한 번 말하겠습니다. 사람은 생각하는 대로 됩니다.

역사를 통틀어 위대한 현자와 스승, 철학자, 선지자들은 다양한 문제에 대해 저마다 다른 의견을 내놓았습니다. 그러나 이 점에 대해서만은 유일하게 모두의 생각이 완벽히 일치했습니다.

위대한 로마 황제 마르쿠스 아우렐리우스(Marcus Aurelius)는 이렇게 말했습니다. "한 사람의 삶은 그 사람이 생각하는 대로 이루어진다." 또한 디즈레일리(Disraeli)는 이렇게 말했습니다. "기다리기만 하면 모든 것이 이루어진다. 나는 오랜

명상을 통해서 한 가지 사실을 확신하게 되었다. 확고한 목적을 지닌 사람은 반드시 이를 성취하며, 목표를 이루기 위해 존재까지 걸고자 하는 의지에 맞설 것은 아무것도 없다는 것이다."

랄프 왈도 에머슨(Ralph Waldo Emerson)은 이렇게 말했습니다. "어떤 사람이 온종일 생각하는 대상이 있다면, 그것이 바로 그 사람이다."

윌리엄 제임스(William James)는 이렇게 말했습니다. "우리 세대의 가장 위대한 발견은 인간이 마음가짐을 바꿈으로써 삶을 변화시킬 수 있다는 사실이다." 또한 그는 "우리는 문제의 대상이 실제인 것처럼 냉철하게 행동하기만 하면 된다. 그러면 그 대상은 우리 삶과 점점 강하게 연결되어 틀림없는 실제가 될 것이다. 그것은 습관과 감정에 긴밀히 결합하여 그에 대한 관심이 곧 믿음이 될 것이다."라고 했습니다.

또한 그는 이렇게 말했습니다. "결과에 충분한 주의를 기울이기만 하면 틀림없이 그것을 이룰 것이다. 부자가 되기를 바란다면 부자가 될 것이다. 배우기를 바란다면 배울 것이다. 좋은 사람이 되기를 바란다면 좋은 사람이 될 것이다. 다만 이런 목표를 진정으로 바라야 하고, 그것만을 바라야 한다. 상충되는 수많은 목표를 똑같은 강도로 동시에 바라서는 안 된다."

믿어라. 그러면 성공할 것이다.

성경의 마가복음 9장 23절에는 이런 구절이 있습니다. "네가 만일 믿을 수 있거든 믿는 자에게는 모든 것이 가능하니라."

제 오랜 친구 노먼 빈센트 필(Norman Vincent Peale)은 이렇게 표현했습니다. "이것은 우주에서 가장 위대한 법칙 중 하나이다. 내가 어릴 때 이 진리를 발견했다면 얼마나 좋았을까? 내가 인생 후반에서야 깨달은 이 진리는, 하나님과의 관계 다음으로 위대한 발견이라고 생각한다. 이 위대한 법칙을 간단명료하게 서술한다면, 부정적으로 생각하면 부정적인 결과를 얻고 긍정적으로 생각하면 긍정적인 결과를 얻는다는 것이다." 그는 이어서 말했습니다. "번영과 성공의 경이로운 법칙 밑바탕에는 이 단순한 사실이 깔려 있다." 이 말을 요약

하면 다음과 같습니다. '믿어라. 그러면 성공할 것이다.'

윌리엄 셰익스피어(William Shakespeare)는 이렇게 표현했습니다. "의심은 배신자이다. 의심하면 시도하기가 두려워져 얻을 수 있는 이익을 놓쳐 버린다."

조지 버나드 쇼(George Bernard Shaw)는 이렇게 말했습니다. "사람들은 자신의 현실을 두고 늘 환경을 탓한다. 나는 환경을 믿지 않는다. 이 세상에서 성공하는 사람들은 일어나서 원하는 환경을 찾고, 찾지 못하면 직접 만드는 사람들이다."

정말 명확하지 않습니까? 이 사실을 발견한 사람들은 하나같이 한동안 자신이 처음으로 이를 알아냈다고 믿었습니다. 사람은 생각하는 대로 된다는 사실을요.

구체적이고 가치 있는 목표를 생각하는 사람이 그 목표를 이루는 것은 당연합니다. 그것에 대해 생각하기 때문이죠. 우리는 우리가 생각하는 대로 됩니다.

반대로 목표도 없고 어디로 가는지도 몰라서 머릿속이 혼란과 불안, 두려움, 걱정으로 가득한 사람은 그 생각대로 됩니다. 그의 삶은 좌절과 두려움, 불안, 걱정의 연속입니다. 아무 생각도 하지 않는 사람은 걱정에 빠지게 됩니다.

어째서 그런 일이 일어날까요? 왜 사람은 생각하는 대로 될까요? 자, 왜 그렇게 되는지 제가 아는 대로 말씀드리겠습니다. 그러기 위해 인간의 마음과 아주 비슷한 상황 하나를 이야기해야겠군요.

심은 대로 거두리라.

땅을 소유한 농부가 있다고 가정해 봅시다. 훌륭하고 비옥한 땅이죠. 농부에게는 선택권이 있습니다. 원하는 것을 마음대로 심을 수 있습니다. 무엇을 심든 땅은 상관하지 않습니다. 결정을 내리는 건 농부의 몫입니다.

인간의 마음은 땅에 비유할 수 있습니다. 마음은 마치 땅과 같아서, 우리가 거기에 무엇을 심든 상관하지 않습니다. 그저 심은 대로 돌려주기만 할 뿐, 무엇을 심는지는 상관하지 않습니다.

예를 들어 농부에게 두 개의 씨앗이 있다고 해 봅시다. 하나는 옥수수 씨앗이고 다른 하나는 치명적인 독성이 있는 벨라도나(가짓과의 여러해살이풀로 독성이 강해 독약이나 진통제로 쓰였음—옮긴이 주)입니다. 농부는 땅에 작은 구멍을 두 개 파서 옥수수와 벨라도나 씨앗을 심습니다. 구멍을 덮고 물을 주고 밭을 돌보면 무슨 일이 일어날까요?

땅은 언제나 심은 대로 돌려줍니다. 성경에 쓰인 대로, 무엇을 심든지 그대로 거둘 것입니다.

무엇을 심든 땅은 상관하지 않는다는 것을 기억하십시오. 땅은 옥수수뿐만 아니라 독초도 풍성하게 돌려줄 테니, 이제 옥수수와 독초라는 두 가지 식물이 자라날 것입니다.

인간의 마음은 땅보다 훨씬 비옥하고 놀랍고 신비롭지만, 작동하는 방식은 똑같습니다. 우리가 무엇을 심든 상관하지 않습니다. 성공을 심는지, 실패를 심는지 상관하지 않습니다. 구체적이고 가치 있는 목표를 심는지, 혼란과 오해, 두려움, 불안 등등을 심는지도 상관하지 않습니다. 하지만 반드시 심은 대로 돌려줍니다.

인간의 마음은 지구상에 마지막으로 남은 미개척 대륙입니다. 그 속에는 우리가 상상도 못할 만큼 풍요로움이 담겨 있습니다. 이 땅은 우리가 무엇을 심든 돌려줄 것입니다.

여러분은 이렇게 말할지도 모릅니다. "글쎄요, 그 말이 사

어떤 사람이
온종일 생각하는
대상이 있다면,
그것이 바로
그 사람이다.

_ 랄프 왈도 에머슨

지금 결정하십시오. 당신이 원하는 것은 무엇입니까? 목표를 마음에 심으십시오. 인생을 통틀어 가장 중요한 결정이 될 것입니다.

_ 얼 나이팅게일

실이라면 사람들은 왜 자기 마음을 더 많이 활용하지 않나요?" 그 문제에 대한 답도 이미 찾은 것 같습니다. 우리는 모두 마음을 가지고 태어납니다. 마음은 공짜입니다. 우리는 공짜로 받은 것에는 큰 가치를 두지 않습니다. 돈을 내고 산 것에는 가치를 부여하면서 말이죠.

역설적이게도 사실은 정반대입니다. 인생에서 진정으로 가치 있는 것들은 모두 우리에게 공짜로 주어집니다. 마음, 영혼, 신체, 희망, 꿈, 야망, 지능, 그리고 가족과 아이들과 친구와 조국을 향한 사랑까지 값을 매길 수 없는 소중한 것들은 모두 공짜입니다.

하지만 돈을 지불하고 사는 것들은 사실 매우 가치가 낮고, 언제든 다른 것으로 대체할 수 있습니다. 설사 완전히 망하더라도 다시 재산을 일굴 수 있습니다. 몇 번이라도 그렇게 할 수 있습니다. 집은 불타도 다시 지을 수 있습니다. 하지만 우리가 공짜로 얻은 것들은 결코 다른 것으로 대체할 수 없습니다.

우리는 마음을 당연한 것으로 여기기 때문에 제대로 활용하지 않습니다. 익숙한 것을 무시하는 경향이 있기 때문입니다. 마음은 무슨 일이든 해낼 능력이 있지만, 우리는 대체로 마음을 큰일에 활용하는 게 아니라 작은 일에 쓰고 있습니다. 대부분의 사람들이 자신이 지닌 능력을 10퍼센트도 사용하지 못한다는 사실이 여러 대학 연구에서 증명되었죠.

인간의 마음은 지구상에
마지막으로 남은 미개척 대륙입니다.

지금 결정하십시오. 당신이 원하는 것은 무엇입니까? 목표를 마음에 심으십시오. 인생을 통틀어 가장 중요한 결정이 될 것입니다.

무엇을 원하십니까? 뛰어난 영업 사원이 되고 싶습니까? 지금 하는 일을 더 잘하고 싶습니까? 직장이나 지역 사회에서 성공하고 싶습니까? 부유해지고 싶습니까? 여러분이 할 일은 오직 그 씨앗을 마음에 심고 돌보고 목표를 향해 꾸준히 노력하는 것뿐입니다. 그러면 당신이 원하는 것이 현실로 이루어질 것입니다.

당연히 이루어질 것이고, 이루지 못할 리가 없습니다. 이

목표를 마음에
심으십시오.
마음의 눈으로
이미 목표를 이룬
자신의 모습을
그려 보십시오.

_ 얼 나이팅게일

당신이 오늘과 내일, 그리고 다음 달과 다음 해에 하는 생각이 삶의 형태를 빚고 미래를 결정합니다.

_ 얼 나이팅게일

것은 마치 아이작 뉴턴(Isaac Newton)의 '만유인력의 법칙'과도 같은 법칙입니다. 건물 꼭대기에서 뛰어내리면 항상 아래로 떨어지지, 절대 위로 올라가는 법이 없습니다. 다른 자연법칙도 모두 마찬가지입니다. 항상 똑같이 적용되고 예외가 없습니다.

편안하고 긍정적인 자세로 자신의 목표를 생각해 보십시오. 마음의 눈으로 이미 목표를 이룬 자신의 모습을 그려 보십시오. 목표를 이루었을 때 자신이 무엇을 하고 있을지 생각해 보십시오.

———————◇———————

우리 시대를 '수면제의 시대', '위궤양과 신경쇠약과 진정제의 시대'라고들 합니다. 의학의 발달로 건강과 장수의 새 시대가 열렸지만, 모든 문제를 해결해 줄 몇몇 위대한 법칙을 배우지 않고 혼자 알아서 해 보려고 고민하다가 스스로를 무덤에 몰아넣는 사람이 너무도 많습니다.

우리는 습관적인 사고방식으로 이런 결과를 자초합니다.

사람은 자신이 생각한 것의 총합으로 이루어집니다. 한 사람이 어떤 위치에 있는 이유는, 인정하든 안 하든 스스로 정확히 그 위치를 원했기 때문입니다. 우리는 미래에 우리 생각의 결실을 먹으며 살아가야 합니다. 당신이 오늘과 내일, 그리고 다음 달과 다음 해에 하는 생각이 삶의 형태를 빚고 미래를 결정하기 때문이죠. 당신의 마음이 당신을 인도하는 것입니다.

언젠가 차를 몰고 애리조나(Arizona) 동부를 지나간 적이 있습니다. 그때 거대한 토사 운반차 한 대가 30톤은 돼 보이는 흙을 싣고 시속 35마일로 굉음을 내며 도로를 질주하는 것을 봤습니다. 어마어마하게 큰 차량이었죠. 그런데 작은 체구의 남자가 차 위에 앉아 핸들을 잡고 운전하더군요.

저는 그 옆을 지나면서 이 차와 인간의 마음이 얼마나 유사한지 깨닫고 충격을 받았습니다. 당신이 그런 거대한 동력을 조종하는 자리에 앉아 있다고 상상해 보세요. 팔짱을 끼고 뒤로 기대앉아 차가 도랑에 빠지도록 놔두겠습니까? 아니면 두 손으로 핸들을 꽉 잡고, 구체적이고 가치 있는 목적을 향해 나아가도록 조종하겠습니까? 결정은 당신에게 달려 있습

우리 세대의
가장 위대한 발견은
인간이 마음가짐을
바꿈으로로써
삶을 변화시킬 수
있다는 사실이다.

_ 윌리엄 제임스

인생은 흥미진진한 모험이어야 합니다. 절대
지루해서는 안 됩니다. 사람은 충실하고 생생
하게 살아야 합니다.

_ 얼 나이팅게일

니다. 당신이 운전석에 앉아 있으니까요.

우리에게 성공을 가져다주는 이 법칙은 양날의 검과 같습니다. 우리는 생각을 잘 통제해야 합니다. 이 법칙은 우리에게 성공, 부, 행복, 그리고 자기 자신과 가족을 위해 꿈꾸었던 모든 것을 가져다줄 수도 있지만, 반대로 우리를 시궁창에 빠뜨릴 수도 있습니다. 좋은지 나쁜지는 전적으로 그것을 어떻게 사용하는지에 달렸습니다. 바로 이것이 '세상에서 가장 이상한 비밀'입니다.

그럼 저는 왜 이것이 이상하다고 하고, 또 왜 비밀이라고 부를까요? 사실 전혀 비밀도 아닙니다. 태초의 현자들 몇몇에 의해 처음으로 널리 알려졌고, 성경에도 몇 번이나 나오니까요. 하지만 이것을 배우거나 이해한 사람은 거의 없었습니다. 그래서 이상하다는 것이고, 그래서 여전히 비밀로 남아 있는 것입니다.

밖으로 나가 도시 중심가를 걸어다니며 한 사람씩 붙잡고 성공의 비밀이 무엇인지 물어보세요. 아마 한 달을 다녀도 제대로 말해 줄 사람을 한 명도 만나지 못할 겁니다.

✴

당신이 현재 어떤 일을 하든, 대가를 치를 의지
만 있다면 무한한 가능성이 존재합니다.

_ 얼 나이팅게일

우리가 이 정보를 진정으로 이해하고 적용한다면 엄청난 가치를 발휘할 것입니다. 우리 자신의 삶뿐 아니라 가족, 직원, 동료, 친구 등 주변 사람들의 삶에도 마찬가지죠. 인생은 흥미진진한 모험이어야 합니다. 절대 지루해서는 안 됩니다. 사람은 충실하고 생생하게 살아야 합니다. 아침에 잠자리에서 일어나는 것이 즐거워야 합니다. 자기가 잘하는 일, 그래서 좋아하는 일을 해야 합니다.

언젠가 〈톨레도 블레이드(The Toledo Blade)〉 신문의 편집장을 지낸 고(故) 그로브 패터슨(Grove Patterson)의 강연을 들었습니다. 저는 그가 강연 마지막에 한 말을 절대 잊지 못합니다. "신문사에서 일하면서 몇 가지를 확신하게 됐습니다. 사람들은 기본적으로 선하며, 우리는 어딘가에서 와서 어딘가로 간다는 점입니다. 그러므로 여기서 보내는 시간을 마치 신나는 모험처럼 즐겨야 합니다. 우주를 설계한 조물주는 아무데도 닿지 않는 계단은 짓지 않습니다."

역사상 가장 위대한 스승이신 예수님은 우리에게 반복해서 비밀을 알려 주셨습니다. "네가 믿은 그대로 네게 이루어질지어다."

✸

저는 세상에서 가장 이상한 비밀이 무엇이고 그것이 어떻게 작용하는지 설명했습니다. 이제 이 비밀이 인생에 얼마나 대단한 결과를 가져올 수 있는지, 실전 테스트를 통해 스스로 증명하는 방법을 말씀드리고자 합니다. 30일 동안 테스트를 해 보시기 바랍니다. 쉽지는 않을 겁니다. 하지만 제대로 해 본다면 삶이 완전히 달라질 것입니다.

17세기에 영국의 수학자이자 자연 철학자인 아이작 뉴턴(Isaac Newton)이 알려 준 물리학의 자연법칙들은 우주의 천체 운동에만 적용되는 것이 아니라 사람에게도 적용됩니다. 그중 하나가 모든 작용에는 똑같은 크기의 반작용이 일어난다는 법칙입니다. 이 법칙을 사람에게 적용하면, 쉽게 말해서 대가를 치르지 않고는 아무것도 얻을 수 없다는 뜻입니다.

30일 테스트의 결과는 여러분이 쏟은 노력에 비례하여 나타날 것입니다. 의사가 되려면 여러 해 동안 어려운 공부를 하는 대가를 치러야 합니다. 판매를 잘하고 싶어도 마찬가지입니다. (참고로 우리는 모두 자신의 판매 능력만큼 성공합니다. 가족에게 좋은 아이디어를 팔고, 학교에서도 교육을 팔지요. 아이들에게 바르고 정직한 삶의 이점을 팔고, 동료와 직원에게는 뛰어난 인재가 되는 것의 중요성, 그리고 판매 직업 자체를 팔아야 합니다.) 성공적인 삶을 이루려면 반드시 그에 따른 대가를 치러야 합니다.

그럼 그 대가가 무엇일까요? 여러 가지가 있습니다.

첫째, 사람은 반드시 생각하는 대로 되며 삶을 통제하려면 생각을 통제해야 한다는 사실을 머리뿐 아니라 가슴으로 이해해야 합니다. 뿌린 대로 거둔다는 진리를 제대로 이해해야 하는 것입니다.

둘째, 마음의 속박을 모두 끊고 마음이 본래 설계된 그대로 날아오를 수 있도록 해야 합니다. 자신의 한계는 스스로 설정한 것일 뿐, 믿기 힘들 정도로 엄청난 기회가 주어져 있음을 깨달아야 합니다. 편협한 소심함과 편견을 뛰어넘어야 합니다.

셋째, 최대한 용기를 내서 ······

자신의 문제를 억지로라도 긍정적으로 생각해야 합니다.

명확하고 분명한 목표를 세우고, 경이로운 마음으로 그 목표를 가능한 모든 관점에서 살펴보아야 합니다.

또한 상상력을 발휘하여 다양한 해법을 자유롭게 생각해야 합니다.

주변 상황이 힘들어 목적을 이루지 못할 수도 있다는 생각을 거부해야 합니다.

방향이 명확하게 정해졌으면 곧바로 단호하게 행동하십시오. 러셀 콘웰(Russell Conwell)이 지적한 바와 같이, 지금 이 순간 자기만의 '다이아몬드 밭' 한가운데에 서 있다는 사실을 끊임없이 자각해야 합니다.

넷째, 적어도 수입의 10퍼센트를 저축해야 합니다.

또한 당신이 현재 어떤 일을 하든, 대가를 치를 의지만 있다면 무한한 가능성이 존재한다는 사실을 잊지 말아야 합니다.

성공의 대가

1. 생각이 곧 실체이며, 삶을 통제하려면 생각을 통제해야 함을 이해하기
2. 한계는 스스로 설정한 것이며, 자기 자신을 속박에서 해방시켜야 함을 깨닫기
3. 최대한 용기를 내서
   · 자신의 문제를 긍정적으로 생각하기
   · 명확한 목표 세우기
   · 상상력을 발휘하여 다양한 해법을 창의적으로 생각하기
   · 방향이 명확해졌으면 곧바로 단호하게 행동하기
4. 적어도 수입의 10퍼센트 저축하기
5. 현재 어떤 일을 하든 대가를 치를 의지만 있다면 무한한 가능성이 존재함을 잊지 않기

———◆———

목표를 적고 생각하기 시작하는 순간부터 그
목표는 당신 것입니다.

_ 얼 나이팅게일

멋진 인생을 성취하기 위해 기억해야 하는 몇 가지 중요한 사항과 우리가 지불해야 하는 대가에 대해 거듭 살펴보겠습니다. 물론 이런 인생을 위해서는 대가를 치를 가치가 있습니다.

· 당신은 당신이 생각하는 대로 됩니다.
· '상상력'이라는 단어를 기억하고, 마음이 높이 날아오르게 하십시오.
· 용기를 내어 매일 자신의 목표에 집중하십시오.
· 수입의 10퍼센트를 저축하십시오.
· 행동하십시오. 행동으로 옮겨지지 않은 생각은 아무런 가치도 없습니다.

이제 여러분에게 추천하는 30일 테스트에 대해 간략하게 이야기해 보겠습니다. 이 테스트를 해 본다고 잃을 것은 전혀 없지만 얻을 것은 무수히 많다는 점을 명심하십시오.

모두에게 적용될 수 있는 두 가지 사실이 있습니다. 우리는 모두 뭔가를 원하고 뭔가를 두려워합니다.

구하라. 그러면 너희에게 주실 것이요, 찾으라.
그러면 너희가 찾을 것이요, 두드리라. 그러면
너희에게 열릴 것이니 구하는 자마다 받을 것
이요, 찾는 자는 찾을 것이요, 두드리는 자에게
열릴 것이니라.

_ 마태복음 7장 7~8절

당신이 그 무엇보다도 가장 원하는 것을 카드에 적으세요. 돈을 더 벌고 싶을 수도 있습니다. 수입을 두 배로 늘리거나 특정한 금액을 벌고 싶을 수도 있죠. 아름다운 집을 갖고 싶을 수도 있습니다. 일에서 성공하고 싶을 수도 있습니다. 지위가 올라가기를 원할 수도 있습니다. 더 화목한 가정을 원할 수도 있습니다.

우리는 모두 뭔가를 원합니다. 당신이 원하는 것을 카드에 구체적으로 적으세요. 한 가지 목표만 명확하게 정해야 한다는 것을 명심하세요. 남에게 보여 줄 필요는 없지만, 당신 스스로는 하루에 몇 번씩 볼 수 있도록 몸에 지니고 다니십시오. 매일 아침 잠에서 깨면, 밝고 편안하고 긍정적인 마음으로 그 목표를 떠올리세요. 그것은 곧 당신이 일하는 이유가 될 것이고, 잠자리를 박차고 일어날 이유가 될 것이고, 당신이 살아가는 이유가 될 것입니다.

하루 종일 기회가 될 때마다 이 카드를 보십시오. 밤에 잠자리에 들기 직전에도 보십시오. 카드를 보면서, 반드시 생각하는 대로 된다는 점을 기억하십시오. 그리고 이 목표를 생각하고 있으니 곧 그것이 이루어질 것임을 깨달으시기 바랍니 인생에서 얻는 보상은 노력에 비례합니다.

_ 얼 나이팅게일

다. 사실 목표를 적고 생각하기 시작하는 순간부터 그 목표는 당신 것입니다.

하루를 보내면서 주변이 얼마나 풍요로운지 둘러보십시오. 다른 모든 생명체와 마찬가지로, 당신은 이 풍요로움을 누릴 권리가 있습니다. 원하기만 하면 당신의 것입니다.

이제는 어려운 부분이 남았습니다. 새로운 습관을 만들어야 하기 때문에 어렵다는 것이죠. 새로운 습관은 쉽게 만들어지지 않습니다. 하지만 일단 자리를 잡으면 평생 당신 곁을 떠나지 않을 겁니다.

두려움을 버리십시오. 두렵거나 부정적인 생각이 들 때마다 대신 긍정적이고 가치 있는 목표를 머릿속으로 그려 보십시오. 포기하고 싶을 때도 있을 겁니다. 인간은 긍정적으로 생각하기보다 부정적으로 생각하기가 더 쉽습니다. 그래서 오직 5퍼센트의 사람들만 성공하는 것입니다. 지금부터 당신은 그 5퍼센트 안에 들어가야 합니다.

당신은 30일 동안 마음을 통제해야 합니다. 마음은 당신이 생각하라고 허락한 것만 생각할 것입니다.

이 30일 테스트 기간에는 하루하루 해야 하는 일 이상을 하십시오. 밝고 긍정적인 관점을 유지하고, 더 나아가 어느 때보다 최선을 다해야 합니다. 인생에서 얻는 보상은 노력에 비례한다는 점을 명심하고 최선을 다하십시오.

이루고 싶은 목표를 정하는 순간, 당신은 이미 성공한 사람입니다. 자신이 어디를 향해 가고 있는지 알고 있는, 몇 안 되는 성공한 사람들에 속하게 되죠. 백 명 가운데 상위 다섯 명에 해당하는 사람이 되는 겁니다.

어떻게 목표를 이룰지 너무 걱정하지 마십시오. 그건 자기 자신보다 더 위대한 힘에 온전히 맡기십시오. 당신은 자신이 어디를 향해 가고 있는지만 알면 됩니다. 그러면 해답은 적절한 시기에 저절로 찾아올 것입니다.

'산상 수훈(신약 성경 가운데 〈마태복음〉 5~7장에 실려 있는 예수의 가르침)'에 나오는 이 말씀을 기억하십시오. 아주 잘 기억해야 합니다. 한 달간의 테스트를 진행하는 동안 이 말을 계속 생각하세요.

구하라. 그러면 너희에게 주실 것이요, 찾으라. 그러면 너

도저히
실패할 수
없는 것처럼
행동하라.

_ 도러시아 브랜디

서비스를 제공하십시오. 만들고 일하고 꿈꾸고 창조하십시오. 이렇게 하면 무한한 번영과 풍요로움이 찾아올 겁니다.

_ 얼 나이팅게일

희가 찾을 것이요, 두드리라. 그러면 너희에게 열릴 것이니 구하는 자마다 받을 것이요, 찾는 자는 찾을 것이요, 두드리는 자에게 열릴 것이니라.

이렇게 놀랍고도 간단합니다. 사실 너무 간단하다 보니 복잡한 이 세상을 살아가는 현대인으로서는 목적과 믿음만 있으면 된다는 말을 오히려 받아들이기 힘들 것입니다.

30일 동안 최선을 다하십시오. 당신이 영업 사원이라면 전보다 훨씬 열정적으로 일하십시오. 정신없이 부산스럽게 일하라는 게 아니라, 열심히 노력한 시간만큼 원하는 보상이 풍성하게 돌아올 거라는 침착하고 밝은 확신을 품고 일하십시오.

가정주부라면 30일 동안 어떤 보상도 생각하지 말고 온전히 최선을 다하십시오. 그럼 달라지는 삶에 놀랄 것입니다.

당신의 직업이 무엇이든 30일 동안 전보다 훨씬 최선을 다하십시오. 매일 최선을 다해 목표를 따라가다 보면 어느새 새로워진 인생에 경탄하게 될 것입니다.

뛰어난 편집자이자 작가인 도러시아 브랜디(Dorothea

Brande)는 이 비밀을 직접 발견하고 자신의 책《깨어나 네 삶을 펼쳐라(Wake up and Live!)》에 풀어놓았습니다. 그녀의 철학은 "도저히 실패할 수 없는 것처럼 행동하라."라는 말로 요약할 수 있습니다. 그녀는 진실함과 믿음으로 자신만의 테스트를 거쳤고, 그녀의 삶 전체가 압도적인 성공으로 바뀌었습니다.

이제 당신은 30일 동안 테스트를 치러야 합니다. 끝까지 하겠다는 결심이 서기 전까지는 테스트를 시작하지 마세요. 끈기 있는 노력은 당신의 믿음을 증명해 줍니다. 끈기는 믿음을 다르게 표현한 말일 뿐입니다. 믿음이 없다면 절대 끈기 있게 노력할 수 없죠.

첫 30일 동안 테스트를 하다가 실패했다면, 즉 갑자기 부정적인 생각에 사로잡혔다면, 그 시점부터 30일 테스트를 다시 시작해야 합니다.

점점 새로운 습관이 형성될 것입니다. 그리고 당신은 어느새 사실상 무엇이든 해낼 수 있는 경이로운 소수의 사람들에 속하게 된 자신을 발견할 것입니다.

그리고 카드를 잊지 마세요! 이 새로운 삶의 방식을 익히는 초기에는 카드가 매우 중요합니다. 카드의 한쪽 면에는 당신의 목표를 적으세요. 그게 무엇이든지요. 뒷면에는 앞서 산상 수훈에서 인용한 말씀을 적으세요. "구하라. 그러면 너희에게 주실 것이요, 찾으라. 그러면 너희가 찾을 것이요, 두드리라. 그러면 너희에게 열릴 것이니."

어떤 위대한 일도 영감 없이 이루어지지 않습니다. 이 결정적인 첫 30일 동안 영감을 최고 수준으로 유지하세요.

무엇보다도, 걱정하지 마십시오. 걱정은 두려움을 가져오고 두려움은 무력감을 부릅니다. 당신이 걱정을 하게 되는 유일한 이유는 혼자서 모든 걸 해내려고 하는 데 있습니다.

당신이 할 일은 오로지 목표를 앞에 두고 집중하는 것뿐입니다. 나머지는 전부 알아서 해결될 겁니다.

또한 침착하고 밝은 태도를 유지하세요. 사소한 일에 기분이 상해 경로를 벗어나지 마십시오.

테스트가 어려운 만큼, 누군가는 "왜 굳이 이런 걸 해야 해?"라고 말할 겁니다. 그렇다면 테스트를 하지 않으면 어떻게 될지 생각해 보십시오. 실패자가 되고 싶은 사람은 아무도 없습니다. 진심으로 그저 그런 사람이 되고 싶은 사람은 아무도 없습니다. 끝없는 걱정과 두려움과 좌절로 가득한 삶을 살고 싶은 사람은 아무도 없습니다.

그러므로 반드시 심은 대로 거둔다는 점을 기억하세요. 부정적인 생각을 심으면 삶이 부정적인 것들로 가득 찰 겁니다. 긍정적인 생각을 심으면 밝고 성공적이고 긍정적인 삶이 되겠죠.

당신은 이 책에서 읽은 내용을 차츰 잊어버리게 될 겁니다. 그러니 반복해서 읽으세요. 새로운 습관을 들이기 위해 무엇을 해야 하는지 계속 떠올리세요. 온 가족이 모여서 이 책을 함께 읽는 시간을 가져 보세요.

대부분의 사람들은 법칙도 이해하지 못한 채, 돈을 찍어 내고 싶다고만 말합니다. 돈을 찍어 낼 수 있는 건 조폐창에서 일하는 사람뿐이지요. 나머지 사람들은 열심히 벌어야 합니다. 그래서 뭔가를 공짜로 얻거나 무임 승차하려는 사람의 인생은 실패할 수밖에 없습니다.

돈을 버는 유일한 방법은 사람들에게 필요하거나 유용한

인간의
모든 행동 뒤에
숨은 힘은
목표에서
나옵니다.

_ 얼 나이팅게일

다른 사람을 부유하게 만들지 않고 스스로 부
유해질 수 있는 사람은 없습니다.

_ 얼 나이팅게일

서비스 또는 상품을 제공하는 것뿐입니다. 우리는 우리의 시간, 그리고 우리의 상품이나 서비스를 다른 사람의 돈과 맞바꿉니다. 따라서 우리가 제공하는 서비스에 비례하여 재정적 보상이 돌아오는 것이 법칙입니다.

돈을 벌었기 때문에 성공하는 게 아닙니다. 성공했기 때문에 돈을 버는 것이고, 그 성공은 우리가 제공하는 서비스에 비례합니다. 그런데 사람들은 대부분 이 법칙을 반대로 생각합니다. 많은 돈을 벌면 성공했다고 생각하죠. 사실은 성공한 이후에야 돈을 벌 수 있습니다.

이는 난로 앞에 앉아서 "뜨거워져라. 그럼 내가 나무를 넣어 줄게."라고 말하는 것이나 다름없습니다.

오늘날 인생에 대해서 이와 똑같은 태도를 지닌 사람들이 얼마나 될까요? 수도 없이 많습니다. 난로가 뜨거워지기를 기대하기 전에 먼저 연료를 넣어야 합니다. 마찬가지로 돈을 기대하기 전에 먼저 서비스를 제공해야 합니다.

돈에 대한 생각은 잠시 접어 두세요. 먼저 서비스를 제공하십시오. 만들고 일하고 꿈꾸고 창조하십시오. 이렇게 하면 무한한 번영과 풍요로움이 찾아올 겁니다.

✦

번영은 상호 교환의 법칙 위에서 이루어집니다. 번영에 이바지하는 사람은 반드시 그 자신도 번영을 누리게 됩니다.

때로는 당신이 서비스를 제공한 상대에게서 보상이 돌아오지 않을 수도 있습니다. 하지만 어딘가에서는 반드시 보상이 돌아오게 되어 있습니다. 그것이 법칙이니까요. 모든 작용에는 똑같은 크기의 반작용이 일어납니다.

30일 테스트를 하루하루 거치는 동안, 당신이 제공하는 서비스의 질과 양에 따라 성공이 측정된다는 사실을 잊지 마세요. 또한 돈은 이 서비스의 크기를 재는 잣대라는 것도요. 다른 사람을 부유하게 만들지 않고 스스로 부유해질 수 있는 사람은 없습니다. 법칙에는 예외가 없지요.

차를 타고 아무 동네나 지나가면서, 그 동네 주민들이 제공하는 서비스가 어느 수준인지 가늠해 보십시오. 지금까지 이런 잣대로 생각해 본 적이 있습니까? 정말 흥미롭지요? 성직자나 그 밖의 헌신적인 사람들은 정신적 영역에서 보상을 가늠하지만, 이들 역시 자신이 제공한 서비스만큼 보상을 받게 됩니다.

일단 이 법칙을 완전히 이해하고 나면, 생각할 수 있는 사람이라면 누구나 자신의 운명을 예측할 수 있습니다. 더 많은 것을 원하는 사람이라면, 보상을 주는 사람들에게 더 많은 서비스를 제공해야 합니다. 더 적게 바란다면 서비스를 줄이기만 하면 되죠. 그것이 바로 당신이 원하는 것을 얻기 위해 지불해야 하는 대가입니다.

남들을 속여서 부자가 될 수 있다고 믿는다면, 결국에는 스스로 속게 될 뿐입니다. 시간이 좀 걸릴 수는 있어도, 자기가 내놓은 대로 돌려받는 것은 숨 쉬듯 자명합니다. 이를 피할 수 있다고 생각하는 실수를 절대 저지르지 마십시오. 불가능한 일입니다.

감옥과 쓸쓸한 거리에는 자신만을 위한 새로운 법칙을 만들려고 시도했던 사람들이 가득합니다. 인간이 만든 법은 잠시나마 피할 수 있을지 몰라도, 세상에는 결코 어길 수 없는 더 위대한 법칙이 있습니다.

최근에 어느 뛰어난 의사가 성공에 도움이 되는 여섯 단계를 밝혔습니다.

1. 명확한 목표를 세워라.

2. 자기 비하를 멈춰라.

3. 성공할 수 없는 이유는 그만 생각하고, 성공할 수 있는 이유를 생각하라.

4. 지금까지 성공할 수 없다고 생각해 왔다면, 어린 시절의 사고방식을 떠올려 보고 처음 그런 생각을 하게 된 계기를 찾아보라.

5. 자신이 되고 싶은 사람의 모습을 글로 적어서, 자신에 대한 이미지를 바꿔라.

6. 자신이 되기로 결심한 성공한 사람의 모습대로 행동해라.

이 말을 한 사람은 미서부 해안 지역의 저명한 정신과 의사 데이비드 해럴드 핑크(David Harold Fink)입니다.

역사 시대가 시작된 이래로 모든 전문가들이 하라고 한 대로 하십시오. 자신이 되고 싶은 사람이 되는 데 따르는 대가를 지불하십시오. 실패한 삶을 사는 것보다는 그 편이 훨씬 쉽습니다.

30일 테스트를 진행한 후 반복하고 또 반복하십시오. 그렇게 반복할 때마다 테스트는 자신의 일부가 될 것입니다. 그러다 보면 '예전에는 다른 방식으로 어떻게 살았을까?' 하고 의아하게 여겨질 것입니다.

이 새로운 방식으로 살아가십시오. 그러면 풍요로움의 물꼬가 트이면서 꿈에서도 상상하지 못한 엄청난 부가 쏟아져 들어올 것입니다.

돈은 어떨까요? 그럼요, 많은 돈이 들어올 겁니다. 하지만 더 중요한 것은 여러분에게 찾아올 평화입니다. 여러분은 침착하고 밝고 성공적인 삶을 꾸리는 놀라운 소수의 사람들 중 하나가 될 겁니다.

오늘 바로 시작하십시오.

잃을 것은 전혀 없지만

인생 전체에서 승리할 수 있습니다.

얼 나이팅게일의
30일 도전

나이팅게일의 유명한 30일 테스트는 전 세계 수많은 사람들의 마음가짐과 '삶'을 바꾸어서 경이로운 경제적, 직업적 성공을 안겨 주었고, 부의 궁극적 형태라고 할 수 있는 지속적이고 뿌리 깊은 '인생의 기쁨'을 선사했습니다.

삶을 변화시키는 이 과제를 이제 여러분이 수행할 차례입니다. 30일 동안 여러분은 상상도 하지 못한 풍요로움을 발견하게 될 것입니다. 금전적 부유함은 물론이고 더 중요한 평화, 만족, 감사 같은 정서적 풍요로움까지 경험하게 될 것입니다. 테스트 기간은 한 달이지만 테스트가 자신의 일부가 될 때까지 계속 반복해야 합니다.

나이팅게일의 과제는 인간 상태의 두 가지 측면을 다룹니다. 바로 우리의 핵심적인 욕망과 기본적인 두려움이죠. 그는 이렇게 말했습니다. "우리는 모두 뭔가를 원하고 뭔가를 두려워합니다." 이러한 진실은 개인적 성취에 대한 그의 철학을 뒷받침하고 있습니다. 또한 이 철학은 마음의 과학, 즉 생각은 실체이며 생각을 바꾸면 현실이 바뀐다는 개념에 기반을 두고 있습니다.

따라서 30일 테스트는 인간의 가장 내면에 있는 욕망을 구체적인 목표로 바꾸고, 끊임없는 두려움을 새롭고 생산적인 습관으로 바꾸는 행동을 권합니다. 여기에는 두 가지의 지속적인 과정이 포함됩니다.

1. 목표 정하기

· 카드에 무엇보다도 간절히 원하는 명확한 목표를 하나만 적습니다.

· 카드 뒷면에는 '산상 수훈'에서 인용한 다음 구절을 적습니다.

> 구하라. 그러면 너희에게 주실 것이요, 찾으라. 그러면 너희가 찾을 것이요, 두드리라. 그러면 너희에게 열릴 것이니 구하는 자마다 받을 것이요, 찾는 자는 찾을 것이요, 두드리는 자에게 열릴 것이니라.
>
> _마태복음 7장 7~8절

· 이 카드를 늘 가지고 다니면서 주기적으로 꺼내 앞뒷면을 모두 읽습니다. 목표에 대해 항상 긍정적으로 생각하십시

오. 나이팅게일은 "밝고 편안한 기분으로 그 목표를 떠올리세요."라고 가르칩니다. 그는 더 나아가 이렇게 조언합니다. "카드를 보면서, 반드시 생각하는 대로 된다는 점을 기억하십시오. 그리고 목표를 생각하다 보면 곧 목표가 이루어질 것을 깨닫게 될 것입니다."

2. 새로운 습관 만들기

· 테스트의 두 번째 요소는 두려운 생각에서 벗어나기입니다. "사람은 생각하는 대로 된다."라는 법칙은 긍정적인 생각에만 적용되는 것이 아니라 부정적인 생각에도 적용되니까요.

· 나이팅게일은 이렇게 말합니다. "두렵거나 부정적인 생각이 들 때마다 대신 긍정적이고 가치 있는 목표를 머릿속으로 그려 보십시오."

이 두 가지 활동, 즉 가장 원하는 목표에 계속해서 집중하는 것과 의식을 침범하는 부정적인 생각에 굴복하지 않는 것은 본질적으로 밀접한 관련이 있습니다. 핵심은 꿈을 이루는 데 집중하면서 삶에 대해 밝고 편안하고 긍정적인 관점을 유지하는 것입니다. 이렇게 하면 목표를 확실히 이룰 수 있을 뿐 아니라 그 과정도 분명히 즐길 수 있습니다. 나이팅게일이 거듭 강조했듯이, 목표가 삶에 의미를 부여하기 때문입니다.

그가 말하는 첫 번째 삶의 규칙은 다음과 같습니다. "인간은 자신이 하는 일에서 가치를 느껴야 합니다. 그렇지 않으면 아무리 뛰어난 성취나 세속적 성공이라도 모두 퇴색해 버립니다". 나이팅게일은 나아가 "이루고 싶은 목표를 정하는 순간, 당신은 이미 성공한 사람입니다."라고 말합니다. 그에게는 목표를 추구하는 여정이 목표 달성 자체만큼이나 중요합니다. 그리고 부(富)는 결과뿐만 아니라 과정에서도 찾을 수 있습니다.

나이팅게일은 밝고 긍정적인 시각을 유지하면서 목표를 달성하기 위해 성찰하고 행동하는 동시에, 전보다 훨씬 최선을 다하라고 권합니다. 그 어느 때보다 더 열심히 일하십시오. 긍정적인 자세로 더 많은 일을 맡으십시오. 평소 하던 일도 더 예리한 시선으로 자세히 살피며, 우수한 결과를 위해 헌신하는 마음으로 일하십시오. 보상을 기대하기 전에 먼저 가치를 더한다면, 여러분에게 그만큼 가치가 더해질 것입니다. 주는 만큼 받고 심은 대로 거두는 법칙에 따라 반드시 기여한 만큼 받게 될 것입니다. 독은 독을 낳고, 너그러움은 너그러움을 낳습니다. 해롭고 부정적인 생각은 실패를 낳고, 긍정적이고 평화로운 생각은 성공을 낳습니다. 다시 말해 긍정적인 주파수로 생각을 발산하면, 풍요로운 부를 거둬들일 수 있습니다.

30일 동안 어느 시점에서든 부정적인 생각을 말하면, 그때부터 30일을 다시 시작해야 한다는 점에 유의하십시오.

30일
테스트
시작하기

30일 도전을 시작하려면 구체적인 목표를 정해야 합니다. 나이팅게일은 이 테스트에서 집중할 목표를 딱 하나만 정하라고 권합니다. 그러니 자신이 가장 원하는 목표를 찾아내야 합니다.

나이팅게일은 여러분이 인생에서 가장 원하는 것을 찾는 데 도움이 될 만한 질문들을 다음과 같이 던집니다.

1. 만일 세상의 어느 누구와도 완벽하게 자리를 바꿀 수 있다면 그렇게 하시겠습니까? 누구와 바꾸시겠습니까?

2. 만일 어떤 직업이든 선택할 수 있다면, 지금 하는 일과는 다른 직업을 선택하시겠습니까?

3. 만일 전국 어느 곳에서나 살 수 있다면, 지금 사는 곳에서 이사하시겠습니까? 이사한다면 어디로 가시겠습니까?

_____

_____

4. 만일 열두 살로 돌아가서 인생을 다시 살 수 있다면 그렇게 하시겠습니까? 무엇을 다르게 해 보겠습니까?

_____

_____

　　나이팅게일은 대부분의 사람들이 이 네 가지 질문에 "아니오."라고 답할 거라고 보았습니다. 현재의 삶에 전반적으로 만족하지 못하더라도 말이죠. 그는 이것이 그들의 불행을 설명한다고 생각했습니다. 목표가 있어야 우리의 삶에 목적과 방향이 생깁니다.

　　계속해서 다음 질문들을 하나씩 냉정하게 생각해 보십시오. 1~4번 질문을 보며 '누가, 무엇을, 어디서, 어떻게'뿐 아니라 '왜'도 함께 생각해 보세요.

1. 만일 다른 사람과 자리를 바꾸고 싶다면 왜 그 사람인가요? 그 사람의 인생에서 당신이 본받고 싶은 것은 무엇인가요? 그 사람의 어떤 것을 원하는지 한 문장으로, 또는 한 마디로 표현할 수 있나요?

2. 만일 다른 직업을 선택한다면 왜 그 직업인가요? 그 직업의 어떤 점에 매력을 느끼나요? 혹시 현재 하는 일에서 그러한 장점을 개발할 수 있을까요? 당신이 가장 바라는 직책은 무엇인가요? 그 이유는요?

3. 만일 다른 지역으로 이사하고 싶다면 왜 그 지역인가요? 그곳의 어떤 점이 당신의 집으로 이상적이라고 생각하세요? 그런 장점이 현재 사는 곳이나 또 다른 지역에도 있나요? 아니면 그냥 같은 지역에 있는 다른 집을 원하십니까?

4. 만일 당신 인생에 있었던 어떤 일을 다른 식으로 다시 한다
   면 삶이 달라질까요? 그 일이나 사건에서 무엇이 마음에
   들지 않았나요? 결과는 어땠나요? 이렇게 상상한 대안 시
   나리오가 왜 더 나은 결과를 가져올까요?

앞의 질문들에 대한 답에 따라 여러분의 삶에서 가장 바꾸고 싶은 영역에 1부터 6까지 순위를 매기세요. ('가장 원한다'는 1, '가장 원하지 않는다'는 6입니다.)

- [ ] 건강
- [ ] 재정
- [ ] 직업
- [ ] 지역
- [ ] 성격
- [ ] 관계

이 목록에서 30일 테스트 동안 집중할 삶의 영역을 고른 후, 다음에 나올 관련 질문을 참고하여 카드의 앞면에 구체적인 목표 문장을 쓰십시오.

명심하세요. 목표 문장은 **구체적인** 목표를 명확하게 정의하는 **간결한 한 문장**이어야 합니다. 선택한 영역의 질문을 한 개 이상 골라서 자신만의 목표 문장을 만드세요.

● 건강 ●

1. 당신은 '건강'을 어떻게 정의합니까?

2. 자신이 최고의 건강을 누리고 있다고 상상해 보십시오. 거기에는 어떤 요소들이 포함될까요?

3. 현재의 생활 방식은 이상적인 건강 상태에 필요한 생활 방식과 어떻게 다른가요?

4. 건강 목표를 달성하기 위해서 무엇을 희생하시겠습니까?

━━━━━━━◆━━━━━━━

나는 ＿＿＿＿＿＿ 을 하여

더 건강하게 살고 싶다.

나는 ＿＿＿＿＿＿ (년/개월) 안에

＿＿＿＿＿＿ (○○킬로그램 감량,

○○ 운동이나 마음 챙김 요법,

채식주의로의 전환 등)을 하고 싶다.

━━━━━━━◆━━━━━━━

• 재정 •

1. 급여가 어느 정도 되어야 만족하고 편안하고 기쁠까요? 정
   확한 금액을 적어 보세요.

2. 갚고 싶은 빚이 있습니까? 빚이 얼마나 되나요? 몇 년 안에
   잔금을 갚고 싶은가요? 빚을 다 갚으면 기분이 어떨까요?

3. 매달 얼마나 저축하고 싶은가요? 아니면 어떤 투자를 하고
   싶은가요?

---

4. 구매하고 싶은 대형 품목이 있습니까? 그 품목을 구매하려
   면 얼마가 필요한가요?

---

5. 자선 목적으로 매해 또는 매달 얼마씩 기부하고 싶습니까?
   어떤 활동에 기금을 내고 싶은가요? 그 활동을 중요하게
   생각하는 이유는 무엇입니까?

   _____

   _____

   _____

   _____

6. 재정 목표를 달성하기 위해 무엇을 희생하시겠습니까?

   _____

   _____

   _____

   _____

목표 문장 예시

───────────◆───────────

나는 _____ 년 안에 _____ 을 벌고
매해 _____ 과 _____ 같은 자선 단체에
_____ 을 기부할 수 있기를 바란다.

나는 _____ 년 안에 빚 _____ 을 갚고
연간 _____ 을 벌고 싶다.

나는 매달 추가로 _____ 을 저축하기 위해
_____ (잡비)을 포기할 것이다.

나는 _____ (년/개월) 안에 _____ 을
사기 위해 매달 _____ 을 저축할 것이다.

───────────◆───────────

● 직업 ●

1. 당신이 꿈꾸는 직업은 무엇인가요? 그 이유는요? 구체적
   인 직책까지 포함하여 기술하세요.

   _____

   _____

   _____

   _____

2. 현재 일하는 회사에서 맡고 싶은 다른 업무가 있습니까?
   만일 그렇다면 무엇인가요? 구체적인 직책을 쓰세요.

   _____

   _____

   _____

   _____

   _____

3. 직접 사업을 하고 싶은가요? 만일 그렇다면 어떤 종류인가요? 창업에 가치를 두는 이유가 무엇입니까?

---

4. 당신이 꿈꾸는 직업이 현재 하는 일과 분야가 다르다면, 직업을 바꾸기 위해 어떤 교육이나 훈련을 받아야 합니까? 혹은 누가 그 업계에 대해 조언해 줄 수 있을까요?

---

5. 몇 년 안에 직업을 바꾸고 싶습니까?

6. 직업적 목표를 달성하기 위해 무엇을 희생하시겠습니까?

＝＝＝＝＝＝＝◇＝＝＝＝＝＝＝

나는 _____ 년 안에
현재 일하는 회사에서
_____ 이 되고 싶다.

나는 _____ 때문에
_____ 년 안에
_____ 회사를 차리고 싶다.

나는 _____ 년 안에
_____ 으로 직업을 바꾸고 싶고,
그러려면 _____ 분야의
교육을 받아야 한다.

＝＝＝＝＝＝＝◇＝＝＝＝＝＝＝

● 지역 ●

1. 세상에서 가장 살고 싶은 곳은 어디이며 이유는 무엇인 가요?

_____

_____

_____

_____

2. 현재 하는 일을 그곳에서도 할 수 있나요? 아니면 직업을 바 꿔야 하나요? 그곳으로 이사하려면 또 무엇이 필요할까요?

_____

_____

_____

_____

3. 어떤 형태의 집에서 가장 살고 싶은가요? 구체적인 주택 형태를 되도록 자세하게 적어 보세요.

_____

_____

_____

_____

4. 그곳에 살기 위해 무엇을 희생하시겠습니까?

_____

_____

_____

_____

_____

목표 문장 예시

―――――――――◇―――――――――

나는 ＿＿＿＿＿＿ (년/개월) 안에

＿＿＿＿＿＿ 에서 살고 싶다.

나는 ＿＿＿＿＿＿ (년/개월) 안에

＿＿＿＿＿＿ (지역)에 있는

＿＿＿＿＿＿ 형태의 집으로

이사할 것이다.

―――――――――◇―――――――――

• 성격 •

1. 다른 사람들의 자질 중에서 어떤 것을 가장 좋아하나요?
   당신은 그중 어떤 자질을 키울 수 있을까요?

   _____

   _____

   _____

   _____

2. 어떤 성격적 특성이 더 행복하고 밝고 편안한 삶을 사는 데
   가장 도움이 될까요?

   _____

   _____

   _____

   _____

3. 자신과 타인 모두에게 더 기분 좋은 성격을 갖기 위해서,
현재의 생활에서 무엇을 바꾸시겠습니까?

목표 문장 예시

❮◆❯

나는 다음과 같은 성격적 특성을 길러
더 나은 사람이 되려고 한다.

_____

_____

_____

_____

_____

나는 매일 침착하고 긍정적이고
감사한 마음을 지니며,
모든 도전을 성장과 성공의 기회로
받아들일 것이다.

❮◆❯

● 관계 ●

1. 어떻게 하면 현재의 관계가 좋아질 수 있을까요?

_____

_____

_____

_____

_____

2. 인생에서 지금은 부족하지만 앞으로 키우고 싶은 관계는 무

   엇인가요?

_____

_____

_____

_____

_____

3. 그런 관계를 발전시키고 바로잡고 개선하기 위해 무엇을
   희생하시겠습니까?

───────────◆───────────

나는 _____ 하여

_____ (년/개월) 안에

미래의 (배우자/동반자)를 찾을 것이다.

나는 _____ (년/개월) 안에

_____ 와의 관계를 돈독히 할 것이며,

이를 위해 _____ 을 할 것이다.

───────────◆───────────

오늘 바로
시작하십시오.
잃을 것은 전혀 없지만
인생 전체에서
승리할 수 있습니다.

_ 얼 나이팅게일